LETTRE

ÉCRITE PAR UN FRANÇOIS

ÉMIGRANT AU SCIOTO.

C.

LETTRE

Écrite par un François émigrant sur les terres de la compagnie du Scioto, à son ami à Paris.

A Newyork, le 23 mai 1790.

Avant de partir d'ici, mon cher R....., pour suivre ma destinée, je te dois le détail que j'ai promis, à Paris, en te faisant mes adieux. J'ai juré de t'écrire la vérité; puisse-t-elle te parvenir à temps, & veuille le ciel que ton impatience d'émigrer sur le Scioto t'ait permis de différer de t'embarquer avec ta femme & tes enfans!

Je t'ai mandé du Havre-de-Grace que je devois y être mis à bord du brigantin anglois, le Recovery, capitaine Gerdon, frété & expédié par messieurs Batheler & Fourbuisson. Nous nous y sommes trouvés rassemblés au nombre de 86 passagers, y compris femmes & enfans, & le 10 février nous avons fait voile. A peine avions-nous quitté la manche, qu'on reconnut que nous courrions grand risque de mourir de faim, si la traversée étoit longue. Il n'y avoit de provisions

A

faites que pour 50 paſſagers , & le capitaine dit , pour excuſe , qu'il n'en attendoit pas davantage. Il fallut nous mettre à la ration de biſcuit & même d'eau , & le biſcuit étoit moiſi. Ce n'eſt pas tout; notre bâtiment ne tarda pas à faire eau , & finit par en recevoir 42 pouces par heure. Nous ne nous tenions à flot qu'en pompant nuit & jour. Juge de nos inquiétudes ! Des femmes en pleurs , pluſieurs d'elles enceintes , & déſeſperant d'arriver ! Un bâtiment de Londres , allant à Newyork, appellé l'Elizabeth , capitaine Fordyce , nous rencontra , heureuſement pour nous , & nous tint compagnie. Vers le 20 avril , excédés de fatigues , n'ayant plus la force de pomper , nous avons obligé le capitaine Gordon à paſſer avec nous tous à bord de l'Elizabeth , & une grande partie de nos effets a été engloutie avec le bâtiment abandonné. J'ai perdu pour ma part.......... Enfin, nous ſommes arrivés à Newyork le 2 mai. Croiras-tu qu'on nous a refuſé la douceur d'aller tout de ſuite nous rafraîchir à terre ? On nous a tenus à bord, en face de la ville , comme des priſonniers d'état ; on n'a permis à aucun de nos compatriotes de venir nous voir ; on n'a laiſſé monter que quelques actionnaires de la compagnie du Scioto ; & , pour nous écarter d'autant mieux, ſans doute , de toute voie d'information , on a tranſporté par eau, le cinquième jour , mes compagnons de voyage , avec les bagages ſauvés , dans le petit village d'Amboy, fur la côte du New-Jerfey. Tout ce préliminaire, mon cher R..., ne devoit point m'infpirer de confiance. J'ai infifté fortement fur ma liberté; j'ai repréfenté que ma femme étoit prête d'acoucher, & il m'a été permis de venir paffer quelques femaines à Newyork avec elle, mon père, ma fille, mon neveu & fa femme. Mais nos ouvriers ont fuivi la deftination générale.

Je n'ai pas perdu de temps, comme tu le penfes bien. J'ai vîte acheté des cartes, des gazettes, & une géographie américaine. Une connoiffance m'a mené à l'autre. J'ai vu des habitans refpectables de cette ville; plufieurs même qui font intéreffés dans les différentes fpéculations en terres fur la grande rivière de l'Ohio, mais qui ont l'humanité de réprouver tous les moyens illicites de fe procurer des habitans. J'ai, en un mot, les yeux ouverts, mon cher R..., &, fidèle à ma parole, je vais ouvrir les tiens.

Le profpectus, publié à Paris par quelques membres de la compagnie du Scioto, a été infidieufement calculé pour éblouir un peuple étranger, qui ne pouvoit démêler l'artifice, & ces meffieurs ont eu foin qu'il n'en circulât pas de copie dans les Etats-unis, où l'impofture auroit paru trop groffière. Tu ne peux te faire d'idée de l'avidité avec laquelle on s'eft arraché mon exemplaire à Newyork, & de l'indignation que té-

A 2

moignent tous les honnêtes gens qui le lisent. J'étois honteux qu'on trouvât dans mes mains un écrit de charlatan, qu'il étoit évident que j'avois eu la bêtise de croire; beaucoup d'Américains ne l'étoient pas moins, qu'il se trouvât parmi eux des personnages capables de pousser la déception aussi loin. Jamais prospectus n'a mieux confirmé le vieux proverbe: *a beau mentir qui vient de loin.* Pour t'en convaincre, je t'apprendrai d'abord qu'on appelle *territoire occidental des Etats-unis*, ce vaste pays, habité par des sauvages, qui est au nord de l'Ohio, & s'étend à 1500 milles par delà, jusqu'au lac des bois, & aux sources du Mississipy. L'Ohio en est la base, dans un long cours d'environ 1147 milles, depuis la frontière, encore déserte, de la Pensylvanie jusqu'à son embouchure dans le Mississipy, où il se jette. On a calculé que cette immense contrée, presque trois fois aussi grande que la France, contient 263,040,000 arpens anglois, dont il faut déduire 43,040,000 arpens pour les eaux; c'est donc 220 millions d'arpens à peupler. Le congrès en est propriétaire, non quant au sol, qui appartient aux sauvages, mais quant à la souveraineté, que l'Angleterre lui a cédée au même titre qu'elle l'avoit, bon ou mauvais. Il a voulu essayer de racheter, par la vente de ces terres, les effets publics qui constituent la dette domestique des Etats-unis; il n'a pu réussir. Les sauvages, qui trouvent un peu

(5)

fort qu’on veuille payer à leurs dépens les frais
de la guerre, ont empêché, à main armée, qu’il
ne fût arpenté plus de sept rangs de municipalités immédiatement fur la frontière Penfylva-
nienne, & le Congrès a dû fe contenter jufqu’ici
de vendre, à trois compagnies différentes, quelques
terreins le long de l’Ohio. Une d’elles, connue
fous le nom de *compagnie de l’Ohio*, a fes terres
fur la rivière Muskingum, à cent quatre-vingt
milles du fort Pitt, fur la frontière de Penfylvanie. La feconde compagnie, qui eft *celle du Scioto*,
a fa conceffion fur la rivière de ce nom, à 220
milles du Muskingum. La troifième compagnie a
fes terres fur la rivière *Miami*, dont elle tire fon
nom, à cent foixante milles du Scioto. Le prix
d’achat de ces compagnies a été, en apparence, de
foixante-dix fols tournois par arpent, payables
en papier du Congrès. Mais le fin mot, dont elles
ne fe vantent pas en Europe, c’eft que ce papier,
ne valant alors que dix pour cent, elles n’avoient
réellement à payer que fept fols par arpent.
Aujourd’hui on peut en avoir tant de millions
d’arpens qu’on veut au même prix effectif, peut-
être même que bientôt on en payera moins; car
le Congrès eft occupé à fonder fa dette, & offre
à fes créanciers des terres fur l’Ohio pour un tiers
de leurs créances au prix de vingt fols l’arpent.
Il fe trouvera inceffamment pour plus de cinquante
millions tournois de promeffes du tréfor pour des

terres dans le territoire occidental. Qu'en feront les créanciers ? Trop heureux d'avoir fauvé deux tiers de leurs créances , ils vendront à vil prix le tiers qui leur fera donné en promeffes de terres, & des compagnies ramafferont ces effets pour faire des-achats dans le territoire occidental. Voilà cependant , mon cher R...., ce dont meffieurs du Scioto n'ont pas eu honte de nous faire payer 6 livres à Paris, en nous faifant valoir le bon marché, & le tout pour nous mettre à même de faire de grandes fortunes. Ne te paroît-il pas démontré que je ne peux manquer de revendre bientôt mes deux cents arpens, qui me coûtent *cinquante louis*, & n'en valent, en confcience, que *cinq* au plus, à quelque amateur qui m'en donnera *mille* fur la foi du véridique profpectus. Et que diras-tu, quand tu fauras que, pour fix, fept à huit livres tout au plus, on peut avoir des terres fans aller fi loin , dans les beaux climats de la Penfylvanie , du New-Jerfey & de Newyork, à peu de diftance des villes & des marchés , au centre même de la population , de la civilifation & des fecours de tout genre ?

Le profpectus de la compagnie du Scioto a cru pouvoir impunément avancer *à Paris* que le terrein qu'on nous propofe *eft entouré de pays habités & défrichés, que ce n'eft pas une terre ISOLÉE qu'on puiffe regarder comme un défert.* Eft-il poffible d'infulter plus cruellement l'ignorance excufable de mes bons concitoyens fur des chofes fi éloignées, de leurs yeux? Le perfiflage ne feroit pas plus fort, fi ces meffieurs nous avoient invités à venir camper fur la plaine des fablons pour profiter du voifinage du palais royal. Voyons, en effet, ces fameux pays *habités* & *défrichés*, qui entourent les terres qu'on nous a vendues, & empêchent qu'elles ne foient *ifolées* & *défertes*. A l'oueft du Scioto on ne trouve qu'à la diftance de cent foixante miles, & au confluent du Miami & de l'Ohio, un établiffement commencé ; à l'eft du Scioto, on ne trouve qu'à deux cents vingt miles & au confluent du Muskingum & de l'Ohio, un autre établiffement; ces deux colonies naiffantes fe bornent encore à occuper un point fortifié à l'embouchure des deux rivières refpectives. Dans l'intervalle de trois cents quatre-vingt miles qui les fépare, & immédiatement derrière chaque point, font de vaftes forêts, qui s'étendent jufqu'aux grands lacs, remplis de fauvages implacables, harcelant fans ceffe les Américains, & détruifant fans pitié tous les partis qu'ils interceptent. Le charmant voifinage ! On ne peut pas être moins *ifolés*, il faut en convenir.

Le profpectus nous dit que le centre des États-Unis eft fur le Scioto, & que dans peu d'années le gouvernement général de l'union y fera fixé. Gens de Paris, gens de Paris ! ces meffieurs favent bien ce qui vous plaît ; ils ont été témoins de votre empreffement à avoir la cour dans votre bonne ville ! Eh bien, ils vous en promettent une au Scioto ! --- Plaifanterie à part, quel infigne abus des mots ! autant vaudroit dire que le centre de l'empire Ruffe étant jufte au milieu de la Sibérie, l'impératrice y transférera fon trône dans peu d'années. Ce font de ces affertions hardies dont l'impofture frappe les gens inftruits, mais qu'on ne fait comment combattre, parce qu'après tout la poffibilité phyfique eft en faveur du menteur.

Les auteurs du profpectus y ont joint une trés-belle carte, pour qu'en cas de doute la carte affirmât que le profpectus difoit vrai, comme celui-ci fe fait garant de la carte. C'eft ainfi que deux valets de comédie fe renvoyent l'un à l'autre un bon vieux père qu'il eft queftion d'enjoler. Nous avons conclu, fur ces honnêtes témoignages, que tout le terrein du Scioto avoit été arpenté. Nous avons vu, dans la joie de notre cœur, l'emplacement des villes, des villages, des univerfités. --- Hélas ! rien n'exifte de tout cela, & c'eft bien dommage, car c'étoit fort beau. Il n'y a point de fauvages fur le papier, qui, le tomowhac à la main, caffe la tête à l'imprudent crayonneur, & lui enlève la chevelure. Un deffinateur, bien payé, peut à fon aife, dans fon cabinet, tracer des lignes carrées, & placer par-ci par-là des villes toutes percées à angles droits. Mais un arpenteur n'eft pas fi téméraire dans le territoire occidental des

Etats-Unis. Au reſte, cette ruſe eſt, me dit-on bien ſouvent, pratiquée dans ce pays - ci. Les terres y ſont une marchandiſe que chacun pare à ſa guiſe pour attirer les acheteurs. Je viens, mon cher R . . . . , d'être témoin de deux faits qui te donneront une juſte idée de la défiance que tout homme doit apporter en Amérique dans les achats de terres qu'il n'a pas vues. J'étois à un encan public, où l'on vendoit des lots ſitués ſeulement à quarante milles d'ici. Le propriétaire & ſes amis étoient préſens & hauſſoient l'enchère. Un bon allemand, nouveau venu, s'aviſa de mettre quelques ſous en ſus, & vîte l'encanteur de crier *une fois, deux fois*. ── Arrêtez, dit l'allemand ; je ſuis meûnier : y a-t-il ſur ce lot des emplacemens pour des moulins ? ── Oh ! oui, répond le propriétaire, j'en connois trois ou quatre. ── A la bonne heure. ── L'encanteur frappe auſſi-tôt ſon coup, *trois fois, adjugé*. ── Il n'y a qu'un léger inconvénient, continue alors le propriétaire, c'eſt que l'eau manque. ── Tout le cercle ſe met à rire ; mais ſeul, la larme à l'œil, je penſe à mes pauvres compagnons de voyage, & je me retire. L'autre fait, mon cher R..., te fera faire une application plus frappante. J'allai à la cour des plaids communs. L'avocat, qui parloit quand j'entrai, étoit en cauſe pour un arpenteur contre un propriétaire de terres en friches ſur la Monongahela ; il expoſoit « que ſa » partie adverſe, après avoir fait arpenter une

A 5

» patente de vingt mille arpens, avoit réfléchi
» qu'il vendroit beaucoup mieux ſes lots en détail,
» s'il plaçoit ſur ſa conceſſion une ville dans laquelle
» il offriroit *gratis* un emplacement de cinquante
» pieds de large ſur cent de long, pour maiſon &
» jardin à chaque acquéreur de deux cents arpens
» dans la patente; mais que, voulant éviter les frais
» conſidérables d'un tracé auſſi laborieux ſur le
» terrein, il avoit renvoyé *la carte* de ſes terres à
» l'arpenteur, avec prière d'y gliſſer une ville d'un
» mille de long, n'importe où, & d'en marquer
» bien proprement toutes les diviſions, meſures en
» pieds & numéros. Il lui promettoit de le payer
» en terres pour l'arpentage réel de la patente & le
» ſuppoſé de la ville. Cette ville fut faite à ſou-
» hait ſur *la diſcrète carte*; le plan en étoit char-
» mant, & le propriétaire aujourd'hui refuſe le
» ſalaire promis.» L'avocat de celui-ci prouvoit qu'il
avoit fait offre réelle, à l'arpenteur de pluſieurs
numéros d'emplacement dans ſa ville; il en faiſoit
monter le prix très-haut, attendu la grande diffé-
rence entre la valeur du terrein des campagnes &
celui des villes, & renouvelloit l'offre devant la
cour, au grand divertiſſement de toute l'audience.
Mais laiſſons ce procès ridicule. La compagnie du
Scioto nous montre, ſur ſa carte, des rangées de
municipalités, pouſſées ſans façon juſqu'à la vingt-
huitième. La vérité ſacrée eſt qu'il n'y en a aucune
de faite ſur le terrein, & bien hardi qui iroit l'eſ-

ſayer. Cela me rappelle l'arrangement pris dans le conſeil des rats de la Fontaine :

« La difficulté fut d'attacher le grelot.
« L'un dit, je n'y vais pas, je ne ſuis pas ſi ſot ;
» L'autre, je ne ſaurois . . . . »

Comme il eſt naturel que des gens qui conſentent à s'expatrier ſi loin penſent aux moyens de vivre, le *proſpectus* nous a dit, en toute confiance, *qu'on trouvoit ſur les lieux, ſans débourſer, tous les matériaux propres à bâtir des fours, ainſi que le bois de chauffage.* Je comprens l'énigme aujourd'hui ; il n'y a pas mal de pierres qu'il nous faudra d'abord enlever de nos champs pour les enſemencer ; ainſi, loin d'avoir *à débourſer* pour en acheter, nous ferons les maîtres *de débourſer* pour nous en défaire. Quant au bois de chauffage, on en trouve ſans doute, *ſans débourſer,* dans un pays qui en eſt couvert, & où il faut *éclaircir,* à grands coups de hache, chaque arpent qu'on veut mettre en valeur. Tant s'en faut que ces bois puiſſent être vendus, qu'un pauvre propriétaire a une vingtaine de francs à dépenſer par arpent avant d'en avoir fait enlever arbres, ſouches & buiſſons.

La compagnie de l'Ohio, ajoute-t-on, notre bonne voiſine, *nous prétera ſes fours en attendant.* Quelle charmante perſpective pour manger du pain frais, qui nous viendra de 220 milles ſeulement, ſi toutefois les sauvages ont la complaisance de se prêter à cet acte de charité !

Le *prospectus* ne sait pas s'arrêter en si beau chemin. Il nous dit que notre établissement au Scioto va nous mettre à même de fournir de bled notre chère patrie, & de détruire les spéculations des accapareurs; il nous dit qu'il y a des sources salines sur les lieux, & que nous pourrons approvisionner la marine de France de salaisons ; il nous dit que la compagnie, pour éviter que nous ne soyons trompés dans la vente de nos denrées, s'en chargera par bonté d'ame. Nos conventions avec messieurs de la rue neuve des Petits-Champs, n°. 162, ajoutent que la compagnie s'engage à nous prêter *gratis* ses bâtimens pour l'exportation de nos denrées pendant trois ans. A ce tas d'impertinences, je réponds, mon cher R..., par quelques petits faits.

1°. La compagnie n'a pas un seul bâtiment, si ce n'est quelques canots sauvages.

2°. Les débouchés manquent absolument à tout ce qui croît sur l'Ohio, dont les Espagnols ont la clef à la Nouvelle-Orléans.

3°. Il y a 2152 miles, c'est-à-dire plus de 720 lieues du fort Pitt à l'embouchure du Mississipy, qui est le seul canal par où nos denrées peuvent aboutir à la Nouvelle-Orléans.

4°. Dans cette longue navigation, il y a un peu à considérer le chapitre des Sauvages.

5°. Les Espagnols ne reçoivent à la Nouvelle-Orléans, qu'à vil prix & avec de gros droits d'entrée, tout ce qui vient de la partie Américaine.

6°. Il n'y a point, dans cet entrepôt, de bâtimens suffisans pour exporter les denrées de l'Ouest, & la cour d'Espagne ne permet, ni aux Anglais, ni aux Américains, ni à qui que ce soit, d'envoyer des bâtimens prendre charge à la Nouvelle-Orléans.

7°. Toute marchandise d'encombrement, un quintal de sucre, par exemple, qui remontera le Mississipy jusqu'au Scioto, coûtera, à chacun de nous, trois fois le prix d'achat ; lorsque nous ne vendrons les fruits de notre travail que le quart tout au plus de leur vraie valeur.

8°. Si notre chère patrie compte sur nos bleds dans des temps de détresse, elle mourra de faim, avant que nous puissions la secourir, malgré le désir que nous en a donné le *prospectus*.

9°. Si la marine française attend nos salaisons pour mettre en mer, les Anglais peuvent insulter le royaume impunément. Et supposons que nous ayons abondance de sel & de bestiaux dans une vingtaine d'années, & que nous fassions quelques cent milliers de barils de salaisons, & que nous puissions les envoyer à la Nouvelle-Orléans, qui nous garantit que la marine espagnole en fera les honneurs à la marine française ?

10°. Le territoire occidental des Etats-Unis ne ressemble pas mal au pays d'Eldorado, dont parle

Voltaire, où l'on entre avec le courant, mais d'où rien ne peut fortir que par des efforts incroyables de mécanifme. Il eft à-peu-près démontré que, pour jouir de la feule ouverture que la nature y a ménagée, il faut de deux chofes l'une, ou forcer l'Efpagne de nous céder le paffage de la Nouvelle-Orléans, ou nous arranger avec elle, & nous démembrer des Etats-Unis. Dans les deux cas, il faudra verfer du fang.

Le *profpectus* nous parle des grandes récoltes que nous allons faire dans un pays fertile, fous un climat fain ; du plaifir que nous aurons, à nous étendre à notre aife dans les municipalités imaginaires que nous avons acquifes, femblables aux fils de Noé, après le déluge univerfel ; du nombre incalculable d'arpens que nous allons défricher dans le cours de trois ans ; des fortunes *honnêtes* (le mot eft modefte pour des recruteurs) que nous fommes deftinés à faire. Hélas !

« *Quos Deus vult perdere, prius mente capit.* »

« Dieu, de ceux qu'il veut perdre, aveugle la raifon. »

c'eft pour leurs péchés qu'il a permis que de crédules habitans de Paris priffent ce roman à la lettre. Je dois te dire, en confcience, que les Sauvages font plus cruels & plus remuans que jamais. Ils voyent que tous les traités que l'on fait avec eux aboutiffent à leur enlever la terre où ils font nés, & où les os de leurs pères repofent ; que de porte en porte ils font chaffés en grande partie des bords de l'Océan à ceux de l'Ohio ; que le fort des nations déjà détruites attend celles qui difputent encore leurs propriétés. Ils font devenus éclairés par le malheur ; ils fe font confédérés ; ils défendent pied à pied les terres de l'Oueft ; ils fe répandent en petits pelotons fur les bords de l'Ohio ; ils interceptent tous les bateaux qui defcendent féparément & fans précautions ; ils coupent tous les partis qui s'expofent fur les rives du fleuve ou dans les déferts qu'il faut traverfer pour y arriver par terre des Etats habités ; ils fe cachent dans les brouffailles, derrière les joncs, derrière les arbres ; &, adroits tireurs, tuent, fans coup férir, tout imprudent qui s'écarte. Les gazettes américaines font remplies de ces horribles détails. Le Congrès vient d'être obligé d'ordonner que le corps de huit cents hommes, qu'il tient fur la lifière de fon territoire occidental, fera porté à douze cents, pour mieux occuper, fi la chofe eft poffible fur une frontière de quinze cents milles, les paffages par lefquels les Sauvages fe glifferoient dans les anciens Etats. On lit même, dans tous les papiers publics du jour, que le gouverneur du territoire occidental a été maffacré avec fa garde fur l'Ohio, où il reffembloit affez à Robinfon-Crufoë dans fon ifle déferte. Il y a un grand contrafte entre ces faits & l'efpérance d'aller occuper paifiblement nos terres. Loin de nous répandre dans nos municipalités & d'y pouffer vigoureusement nos cultures, nous seront trop heureux d'arriver avec nos chevelures à l'embouchûre du Scioto, de nous y resserrer dans un petit coin, que nous entourerons de redoutes, comme font, depuis 1787, les colons du Muskingum, où, malgré l'avantage d'être en face du fort Harmar, bien muni d'artillerie & quartier général des troupes du Congrès, ils n'osent encore ensemencer qu'à deux lieues de distance sur les bords de l'Ohio, & à trois sur ceux du Muskingum (toujours l'oreille aux aguets), & là, une bêche à la main & le fusil sur l'épaule, de planter quelques légumes, non dans nos champs tant vantés, mais dans de petits jardins que nous nous partagerons provisorement dans l'espace d'une demi-lieue tout au plus. Et quand ces difficultés seront vaincues, quand, fortifiés par ceux de nos frères, que la compagnie aura fait débaucher dans tous les coins du royaume, nous pourrons chasser les Sauvages & prendre possession de nos terres, quelle fortune, bon Dieu ! pouvons-nous espérer ? Nous recueillerons le nécessaire, nous vivrons; c'est tout, absolument tout. Les fortunes ne se font pas dans les Etats-Unis par ceux qui possèdent deux ou trois cents arpens, mais par les capitalistes, qui en accaparent dix à vingt mille, & revendent en détail à la classe des industrieux émigrans. Ce n'est pas assez d'ailleurs de recueillir, il faut vendre pour subvenir à mille faux frais, au besoin de linge, habits, bas, souliers,

sucre,

fucre, vin, &c. &c. Il faut donc trouver un marché,
un débouché ; & je t'ai fait voir que de toutes nos
difficultés, celle-là peut-être eft la plus invincible.
Quant à l'oppofition des Sauvages, me diras-tu, il
y a bon remède ; la compagnie du Scioto a vendu
à une foule d'honnêtes français, qui étoient de bonne
foi, elle doit leur donner poffeffion. —— C'eft parler
en avocat de Paris. J'ai confulté ici fur cette queftion, & on m'a répondu que lorfque le vendeur ne
s'oppofoit point lui-même à la poffeffion, c'eft à
l'acquéreur à y parvenir comme il peut. L'affaire
de la compagnie eft de nous faire conduire au Scioto,
à nos frais s'entend ; la nôtre eft de nous y main-
tenir de notre mieux. Nous aurons peut-être le
plaifir, pour nos fix francs par arpent, d'y enterrer
quelques Sauvages, fi nous ne fommes pas pré-
venus. La compagnie fait comme certains papes
qui donnoient bien des couronnes ; mais laiffons
au nouvel invefti le foin d'en chaffer le légitime
poffeffeur.

Tu vas me demander actuellement, mon cher
R..., ce que nous allons devenir plus immédiatement. Je t'ai écrit d'abondance tout ce que j'ai
découvert ; les détails fuivans feront plus métho-
diques.

La divifion d'Emigrans, dont je fuis, eft fous la
conduite de M. Boulogne, jeune négociant de
Paris, doux, aimable, inftruit, & parlant anglais
mieux que moi ; je crois que tu l'as connu dans

B

l'affaire de . . . .
. . . . quoi qu'il en foit, il a été
joint à Newyork par un vieux & refpectable ma-
giftrat Alfacien, appellé M. de Barthe, fi je ne
me trompe, qui eft arrivé à Alexandrie, en Vir-
ginie, avec deux cents émigrans français, fur le
navire le Patriote, capitaine de Grafs, parti du
Hâvre, peu après nous. Ces deux meffieurs font
acquéreurs comme nous tous, & en outre engagés,
envers la compagnie du Scioto, à prendre foin des
autres acquéreurs mis fous leurs aufpices. Le pre-
mier voit bien actuellement que nous avons été
trompés ; mais, lié par l'honneur, plein de pitié
pour des compatriotes à qui il fera infiniment utile,
il eft déterminé à perféverer jufqu'au bout. Le fe-
cond eft, malgré fon grand âge, zélé partifan d'une
entreprife dont la fatigue feule peut le faire fuc-
comber. Il a promis à M. le comte de Laly-Tollendal,
à M. le marquis de Marnezia, à M. Defprémefnil,
à M. Mounier, & à huit autres membres de l'af-
femblée nationale, qui, tous féduits comme lui par
le *profpectus* de la compagnie, ont acheté entr'eux
quarante-huit mille arpens des terres du Scioto,
d'aller, avec fon monde, occuper fon acquifition.
Il n'entend pas l'anglais, & eft fingulièrement pré-
venu par la lecture d'ouvrages romanefques fur les
Etats-Unis. Il ne parle que de faire venir fes fils,
gendres, neveux, nièces & parens, tous gens
confidérables qui entraîneront avec eux une foule

d'émigrans. Il dit qu'il eſt sûr de deux ou trois mille hommes , & que tous les obſtacles céderont à la force des moyens. M. Boulogne & lui ſe ſont concertés, & ont conféré ici avec les principaux intéreſſés de la compagnie du Scioto, qui ſont enchantés de trouver dans eux , quoique ſur des principes différens , la même réſolution. Ces intéreſſés ont ſenti que leur affaire pourroit manquer s'ils ne faiſoient par des efforts pour prévenir les accidens & les murmures. Il a été convenu qu'on enverra, ſous eſcorté , une cinquantaine de coupeurs de bois de la Nouvelle - Angleterre , éclaircir , s'ils peuvent, quelques centaines d'arpens à l'embouchure du Scioto , & qu'on eſſayera d'amuſer les Sauvages par des paroles de paix & des préſens. On fera paſſer la diviſion de M. Boulogne à Alexandrie, ſur la rivière de Potoumac à environ deux cents ſoixante-dix milles d'Amboy. Elle ſ'y réunira à celle qui y eſt , & aux nouveaux émigrans qui y ſont attendus. Nous remonterons enſuite le Potoumac juſqu'au fort Cumberland, navigation pénible & longue, ſouvent interrompue par des chutes d'eau, & d'environ cent quatrevingt milles. Nous aurons là un voyage par terre d'à-peu-près quarante milles, à travers les arrêtes des monts Allegany, & par des chemins horribles, juſqu'à la rivière Youghiogeny, d'où nous nous rendrons au fort Pitt, environ cinquante milles plus loin. C'eſt là que nous ferons nos pro-

visions : car c'est une plaisanterie que de parler
des ressources de l'établissement de Muskingum
où nous porterions la famine ; & réunis en force
sur des bâteaux plats , assez nombreux pour espérer de n'être pas inquiétés par les sauvages , nous
ferons quatre cents milles sur l'Ohio , jusqu'à notre
destination finale. Nous ferons débarqués au Scioto
sur la pointe de terre fermée par le confluent
des deux rivières , après un voyage de neuf cents
quarante milles à travers le continent américain
pour la division dont je suis. On nous assure que
cette pointe sera déjà occupée par un petit dé-
tachement , & les cinquante travailleurs. Nous
nous tiendrons en corps , nous éléverons des
redoutes, nous nous partagerons en gardes, nous
placerons des post es d'observations, nous ferons
des cabanes d'écorce & de branches d'arbres, nous
formerons un petit village , & la providence seule
sait qu'elle sera la suite de notre histoire ! A en
juger par les annales américaines, il doit résulter
de notre dévouement un établissement qui devien-
dra le noyau d'une colonie considérable. Mais les
premiers venus ne font pas ceux qui jouissent.
Nous ferons le lit , d'autre se coucheront. Nous ne
ressemblons pas mal à ces enfans perdus qu'on mettoit
autrefois au point le plus meurtrier d'une attaque.
Puission-snous n'avoir à souffrir que de la mauvaise

nouriture , des intempéries de l'air & de la fatigue!
Puiſſions-nous ne pas éprouver le ſort de tant de
milliers de françois , ſacrifiés dans le temps de
la compagnie du Miſſiſſipy , ſur les rivages de la
Louiziane ! Que je plains ſur-tout nos femmes ,
nos filles , pauvres créatures que nous enlevons
du paradis de l'europe , pour les mener partager
dans les bois d'Amérique , nos allarmes & nos
privations !

Au reſte , les intéreſſés de la compagnie du Scioto,
qui viennent nous voir ſouvent , nous careſſent
beaucoup. Nous allons peupler leur conceſſion , &
peut-être y périr ; nous allons , à coup ſûr , faire
leur fortune & non la nôtre ; cela vaut bien quel-
qués complimens. Ils n'ont pas le front d'airain des
auteurs du proſpectus ; ils n'ont garde de nous
en parler. Ils ſemblent ſe douter que les plus clair-
voyans d'entre nous ſoupçonnent la fraude ; ils
nous avouent qu'ils craignent que nous n'ayons
vu que le beau côté de la médaille ; ils nous en-
couragent à être *des hommes* ; ils nous préparent
inſenſiblement aux difficultés que nous rencon-
trerons , & nous font déjà entendre qu'il ne tient
qu'à nous d'améliorer notre ſort , en invitant tous
nos amis à venir nous joindre , en leur écrivant
du bien du pays , & leur faiſant (ſuivant l'uſage
américain) de belles déſcriptions des jouiſſances

que nous aurons eues le moins. Je prévois d'avance
que nos lettres feront interceptées. Celles-là feules
pafferont, donc les lâches auteurs fe préteront à
des menfonges intéreffés ; & je l'avoue en gémif-
fant, j'ai entendu déjà, dans ma dernière courfe à
Amboy, plufieurs de mes camarades, fe dire l'un à
l'autre, » nous fommes dupes, dupons à notre tour ;
» plus nous ferons de monde, plutôt nos allarmes
» cefferont : tant pis pour les victimes. » Ceux
d'entre nous qui ont amenés des ouvriers engagés
pour trois ans, éprouvent, dès ce moment, une
détreffe particulière. Ces malheureux, dont nous
avons payé le paffage, que nous logeons, nou-
riffons & habillons, commencent à faire les in-
folens, parlent de nous quitter à la moindre
chofe que nous leur refufons, & difent qu'ils
peuvent travailler pour leur compte, & que ce
n'eft pas la peine de rifquer leur vie pour les
cinquante arpens que nous leurs avons promis,
au bout de trois ans. Il eft incroyable comme la
vérité perce vîte ! à peine favent-ils quelques mots
d'anglois, & ils comprennent déjà que fi nous avons
befoin d'eux, ils n'ont pas de befoin de nous. Ils
voient de leurs propres yeux, que des milliers
de gens de journées peuvent gagner vingt fois
plus dans les campagnes qui bordent toute la
plage habitée des états-unis, fur une profondeur
de 200 à 250 milles. Ils ont découvert, je ne fais

comment, qu'on les mène bien loin, bien loin des rivages de la mer. Cependant, comme ils font engagés par écrit, nous efpérons qu'on fera bien aller ceux qui voudroient nons quitter, & une fois rendus au Scioto, la peur des fauvages les retiendra au moins quelque temps.

Décide toi-même, actuellement, mon cher R... fi tu dois fuivre mon exemple ; crois, fi tu l'ofes, tout ce qu'on a eu l'impudence de publier fur le Scioto, & tout ce qu'on ne manquera pas de publier encore. Il eft fi évident que notre fureté dépend du grand nombre de recrues qu'on fera, qu'il faut t'attendre à voir multiplier les illufions dans Paris & tout le royaume. Sois fur tes gardes, je t'en conjure, & ne laiffe tromper aucun de nos amis. Si la rage d'émigrer te poffede encore, au moins par pitié pour ta femme, tes enfans, pour toi-même, ne figne rien à Paris ! ne t'engage avec aucune de ces compagnies de terres dans la lune ! avec ton argent dans ta poche, tu trouveras, depuis Bofton jufqu'à Philadelphie, au milieu des états maritimes, des terres à choifir en quantité, ou encore en friche, fi tu veux gagner toi-même les frais d'exploitation, & ne facrifier à l'achat que peu d'argent, ou toutes cultivées & bâties, fi tu veux jouir immédiatement. Il n'y a pas de numéraire dans des établiffemens nouveaux,

fi enfoncés dans la profondeur du continent américain ; tous les achats s'y font par troc. Mais
dans les anciens états, rien ne t'empêcheroit de
revendre tes acquifitions, lorfque tu y verrois un
profit raifonnable, pour revenir dans notre patrie.
N'eft-ce pas-là le but de tout françois? Et dans
quel temps la France a-t-elle pû être plus chère
à fes habitants? Eft-ce donc lorqu'elle eft prête
à s'élever au plus hautes profpérités, que nous
devons l'abjurer pour jamais ? n'allons-nous pas
trouver dans nos foyers tous les avantages des
gouvernemens les plus libres, réunis à la fécon-
dité de la terre, à l'induftrie nationale, à la beauté
du climat, à l'excellence des arts, à la douceur
de la fociété, à la perfection de tout ce qui rend
la vie défirable? Les étrangers accourent chez nous
partager nos jouiffances, & nous fuirions chez-eux!
Ah, mes chers compatriotes, que vous êtes encore
inconféquens! vous dites que la révolution a changé
votre caractère, que vous êtes devenus des êtres
penfans! oui ; mais le petit bout d'oreille paroît
encore. —— Je m'arrête, mon cher R...... les
réflexions me viennent en foule, & il eft cruel
pour moi de penfer qu'il eft trop tard. La fotife
eft faite. Il ne me refte plus que la confolation de
te dire combien je m'en repens, & j'ai acquis
bien chèrement les avis que je te donne.

(25)

Enfin, ma parole eſt dégagée; tu viens de voir en moi l'honnête homme; mais défie-toi actuellement de moi-même. Je ſens que je ſuis foible & intéreſſé comme les autres hommes; je me ſurprens quelquefois à déſirer que la compagnie réuſſiſſe à attirer beaucoup de mes compatriotes ſur le Scioto--- pourvu que je n'en connoiſſe aucun!

Auſſi-tôt les couches de ma femme finies, je pars avec ma famille pour Alexandrie, où, tout calcul fait avec nos chefs, je vois que j'ai le temps de me rendre avant la marche des diviſions réunis ſur le Potoumac; ma femme te prie de. . . . ., ſi, nos troubles finis, mon aſſocié parvient à faire rentrer ce qui nous eſt dû, il me reſtera de quoi vivre doucement près des parens de ma mère, ſans regretter les 10,000 liv. que je viens de perdre ſur le *recovery*, & 4 à 5 mille livres qu'il pourra m'en coûter pour repaſſer en france; je reviendrai vivre en ſage, & tous les proſpectus du monde ne me feront plus monter à la tête des fumées d'ambition. Je dirai de bon cœur aux enrolleurs :

» Vous voulez de l'argent, Meſſieurs du Scioto.

  » Adreſſez vous, je vous prie, à quelqu'autre;

  » Ma foi vous n'aurez pas le nôtre.

Du 29 Mai.

POST-SCRIPTUM.

Je reviens d'Amboy, mon cher R.... & je
suis enchanté que mon paquet ne parte que cette
après-dînée. J'ai à y ajouter que j'ai trouvé
une grande fermentation parmi mes compagnons
d'infortunes. On les arme, on leur donne des
sabres, des fusils, non de la poudre a chasser,
mais de la poudre de munition, non du petit
plomb, mais des bales, & on les leur fait
payer. Ils demandent ce que cela veut dire, si c'est
là l'accoutrement du pays pour aller *chasser & pécher,
après qu'ils auront égratigné la surface de la terre,
& qu'ils laisseront faire la nature,* suivant les
arrangemens pris avec eux à Paris, rue neuve des
petits-champs, n°. 162? Ils se plaignent que notre
chef de division est gagné par les carresses des
actionnaires de la compagnie, & qu'à leur insti-
gation, il fait des histoires dont personne ne peut
plus être la dupe. Ils ont envoyé une députation
à Newyork, pour voir s'ils peuvent obtenir pro-
tection du Congrès. Mais qu'est-ce que le Congrès
peut à tout cela? Ils parlent tous de revenir en
france, mais ils n'ont pas d'argent pour payer leur
passage! —— ils parlent de se disperser, & peu

d'entre eux ont un métier qu'ils puissent exercer en Amérique! qu'y feroient, en effet, un marchand épicier qui n'a pas de fonds, un orfêvre, un apothicaire, un commis, un procureur, un fabriquant de gazes, un ouvrier sculpteur? passe encore un charpentier, s'il parloit la langue! dieu sait ce qu'ils feront. Ils protestent qu'ils n'iront pas au Scioto, que la compagnie n'en ait chassé tous les sauvages *à deux cents soixante-dix mille à la ronde*, selon ses promesses, en cas qu'ils ne se *retirent* quand on leur lira les engagemens de la rue neuve des petits-champs. Mais encore une fois, que faire ? Il faudra marcher, par misère. Pour moi, mon chèr R.... j'ai encore un peu d'argent ; ma femme se jette à mes pieds, & je promets de rester à Newyork jusqu'au dénouement de tout ceci. Ainsi tu peux m'y écrire à l'adresse de.........

An lieu de faire passer les émigrans au Scioto par le Fort Pitt , on parle de les faire aller par terre, du Potoumac à l'embouchure de la grande Canhawa sur l'Ohio , vis-à-vis les terres de la compagnie, voyage affreux, à travers des déserts, des montagnes , des bois ! Je n'en suis pas. Adieu !